Vadim Tschenze

Orientalisches Wahrsagen

Ich widme diese Karten und
das Buch meinen Eltern.
Danke, dass ihr mir
das Leben geschenkt habt!

Vadim Tschenze

Orientalisches WAHRSAGEN

SILBERSCHNUR

Verlag "Die Silberschnur" GmbH

ISBN 978-3-89845-213-7

1. Auflage 2007

Gestaltung & Satz: XPresentation, Boppard
Bildnachweis: Vadim Tschenze
Printed in China

Verlag "Die Silberschnur" GmbH
Steinstraße 1 · D-56593 Güllesheim

www.silberschnur.de
E-mail: info@silberschnur.de

Danksagung

*Ich bedanke mich bei jedem,
der mich bei meiner Arbeit bis heute
unterstützt hat.*

*Ein herzliches Dankeschön geht an
alle meine TV-Zuschauer und an meine Leser.*

*Ein großes Dankeschön an meinen Verlag
für die gute, unterstützende Zusammenarbeit.*

Inhaltsverzeichnis

Einführung

»Bleib in deiner eigenen Mitte –
nur so kannst du anderen helfen.«
(Vadim Tschenze)

Da die Menschen schon immer Wege gesucht haben, einen Blick in ihre Zukunft werfen zu können, wurden allerlei Hilfsmittel wie Wasser, Murmeln, Knochen, Würfel und Ähnliches verwendet, um die Botschaften des Unterbewusstseins in eine sichtbare Form zu kleiden. Kaffee und Karten waren dabei aber schon immer die gängigsten Behelfsmittel zur Zukunftsdeutung. Das Kaffeesatzlesen, auch Kaffeedomantie genannt, gilt sogar als eine der ältesten Zukunftsdeutungsmethoden überhaupt.

Das Lesen des Kaffeesatzes ist nicht schwer zu erlernen, auch Sie können anhand meines Deutungsbuches und Ihrer Intuition die Zeichen im Kaffeesatz deuten, denn für das Kaffeesatzlesen und das Kartenlegen müssen Sie nicht medial begabt sein. Hellseherei oder Ähnliches hat hiermit überhaupt nichts zu tun. Vielmehr sollten Sie versuchen, sich auf Ihre innere Stimme zu konzentrieren, um die entstandenen Zeichen in der Tasse oder die Bilder auf den Karten zu deuten, sind doch Symbole, Figuren und Bilder gleichsam die Sprache unseres Unterbewusstseins...

Jede Deutung, die wir aus dem Kaffeesatz (oder auch aus den Kaffeesatzkarten) ableiten, ist zunächst sehr vom Verstand dominiert...

Zum Beispiel symbolisiert die Ameise die Arbeit und eine Tasche den langen Weg. Die Fliege kann nerven und symbolisiert hiermit eine falsche und nervige Person. Ein Quadrat ist Symbol der Vorsicht und eine Eule symbolisiert wiederum viel Weisheit und Überlegenheit.
Wie auch bei anderen Kartendecks können die Symbole eine Botschaft wiedergeben, die nur im Zusammenhang mit den übrigen Bildern offenbar wird. So bedeutet zum Beispiel die Ameise (das Zeichen für die Arbeit) mit einer Pistole (das Symbol der Vorsicht) eine kommende Katastrophe im Berufsleben. - Lassen Sie beim Deuten der ausgelegten Karten einfach Ihre Intuition spielen...
Das Kaffeesatzlesen gehört wie gesagt zur Alltagskultur vieler Völker und wird traditionell von weiten Bevölkerungskreisen gepflegt, die mit dieser Methode von einfachen alltäglichen Problemen bis hin zu komplexeren Fragen vieles klären konnten.
Da es aber nun meist zu aufwendig ist, für jede Befragung eine neue Tasse Kaffee oder Mokka zu kochen, habe ich für Sie Kaffeesatzkarten als Ersatz entwickelt - Sie können sie verwenden wie ein Orakel. Denn auf jeder der 36 Karten mit den wichtigsten Kaffeesatzbildern finden Sie Affirmationen, die Ihnen zusätzlich zur allgemeinen Deutung eine Hilfestellung geben können.
Stellen Sie daher einfach eine gezielte Frage, ziehen Sie daraufhin eine einzige Karte - und erhalten Sie die Antwort, die Sie nur noch auf der Karte ablesen müssen.
Selbstverständlich können Sie, wenn Sie sich etwas näher mit den Karten und deren Bedeutung vertraut gemacht haben, auch komplexere Legesysteme ausprobieren, wie beispielsweise ein "großes Blatt" wie beim Lenormand, bei dem Sie dann alle Karten im Zusammenhang deuten.
Detaillierte Deutungsbeispiele hierzu entnehmen Sie bitte meinen Büchern "Kartenlegen nach russischer Tradition", "Sibirisches Orakel", erschienen im Corona Verlag, und "Russisches Orakel", erschienen im Urania Verlag.

Einige Hilfestellungen zur Deutung

Am besten eignet sich zum Kaffeesatzlesen ein türkischer feinkörniger Kaffee. Des Weiteren benötigt man eine mittelgroße Kaffeetasse und die dazugehörige Untertasse. Die besten Ergebnisse erreicht man bei Porzellantassen.
Man unterscheidet hierbei zwei verschiedene Methoden: Bei der ersten Methode muss der noch nasse Kaffeesatz direkt aus der Tasse, bei der zweiten aus dem Unterteller, auf den man den Satz leert, gelesen werden.

Wenn man den Kaffeesatz liest, betrachtet man die Tasse als Ganzes. Ist der Satz gleichmäßig verteilt? Sind viele Wellen zu sehen? Auf welcher Seite der Tasse ist der Kaffeesatz hängen geblieben? Mehr am Rand oder am Boden? - All dies gibt bereits Aufschluss. Doch das Wichtigste sind die Bilder, die im Kaffeesatz entstehen.

Ein Beispiel:

In diesem Beispiel kann man mehrere Bilder erkennen:

1. Einen Schmetterling, der auf neue Begegnungen hindeutet.
2. Einen Drachen, der eine mögliche Gefahr oder Angst symbolisiert.
3. Eine Trommel, die einen Streit vorhersagt.
4. Einen Ring, der für Frieden oder Ehe steht.
5. Einen Zweig, der auf Entscheidungen hindeutet.
6. Ein Spinnennetz, das auf Verwirrungen hindeutet.
7. Ein Gesicht sagt etwas über einen Menschen aus; man sollte schauen, welcher Gesichtsausdruck zu erkennen ist.
8. Ein Pfeil deutet auf Karma und alte Lasten hin.
9. Sonne oder Stern, die für Spiritualität stehen.

Versuchen Sie nun, alle Zeichen in einem Zusammenhang miteinander zu deuten, was etwa so aussehen könnte: Eine neue Begegnung bringt Gefahren mit sich, wodurch eventuell auch die Beziehung gefährdet wird. Man sollte Entscheidungen treffen, wird dazu aber ohne weiteres in der Lage sein. Alles, was momentan passiert, hat aber einen karmischen Hintergrund, und die Schwierigkeiten werden dem Fragesteller helfen, zu sich selbst und zu seiner Spiritualität zu finden.

Weitere Deutungshilfen:

- Eine **durchgezogene Linie** bedeutet zum Beispiel immer eine wichtige Reise. Beginnt sie bereits am Bogen der Tasse und steigt bis zum Rand, dann handelt es sich dabei um eine Geschäftsreise.
- **Punkte und Querlinien** bedeuten verschiedene Ereignisse bzw. Nachrichten, die Sie erreichen werden.
- **Ein Kreuz** hingegen deutet auf ein sehr langes Leben hin, **mehrere Kreuze** symbolisieren Anerkennung.
- **Vierecke** bedeuten immer Ärger.
- **Dreiecke** bedeuten dagegen Glück.
- Gut erkennbare **Zahlen** nennen uns einen Zeitraum.

Traditionelle Bedeutung der einzelnen Karten

--- 1 ---

AMEISE(N)

- **Arbeit, Beruf und Berufung**
- **Entsprechung im Lenormandkartenbild: der Anker**

Die Ameise ist Symbol für Fleiß, Ausdauer und Tüchtigkeit. Die Karte steht für Arbeit, Beruf und symbolisiert auch Hobbys. Zusammen mit der Personenkarte deutet diese Karte auf einen tüchtigen Menschen hin.

--- 2 ---

AFFE

- **Liebe, Gefühle**
- **Entsprechung im Lenormandkartenbild: das Herz**

Der Affe ist ein liebebedürftiges Tier und symbolisiert somit in erster Linie Liebe. Daneben ist er aber auch ein lebhaftes Tier und bedeutet deshalb auch Wechselhaftigkeit und Lebendigkeit.

Liegt die Affenkarte zwischen zwei Personenkarten, dann spricht man von einer beständigen Liebe.

~~~ 3 ~~~

BLUME

- **Geschenk, Überraschung**
- **Entsprechung im Lenormandkartenbild: der Blumenstrauß**

Eine Blume steht für Glück und Erfolg sowie für Geschenke und Gewinne. Bei allen Fragen steht diese Karte generell für neue Aussichten. Zusammen mit der Personenkarte deutet diese Karte auf eine angenehme Überraschung hin.

~~~ 4 ~~~

BULLE

- **Einsamkeit, Alleinsein, Selbstständigkeit**
- **Entsprechung im Lenormandkartenbild: der Turm**

Der Bulle steht für Einsamkeit oder Isolation. In der Kombination mit der Karte “Ameise” symbolisiert diese Karte beispielsweise die Abkehr vom alten Beruf und den Übergang in die Selbstständigkeit. Zusammen mit der Personenkarte deutet diese Karte auf einen Freiberufler hin.

~~~ 5 ~~~

DREIECK

- **Glück, Erfolg, männliche Person/Liebhaber**
- **Entsprechung im Lenormandkartenbild: der Reiter**
~~~

Dies ist ein starkes Glücksymbol. Je mehr Dreiecke im Kaffeesatz zu sehen sind, desto mehr Glück hat man im Leben. Sollte diese Karte nahe bei der Personenkarte liegen, bedeutet das eine neue Geschäftsidee. Ein Dreieck steht auch für gute Nachrichten, Chancen und Beförderung. Es kann aber auch eine männliche jüngere Person symbolisieren.

~~~ 6 ~~~

DRACHE

- **Lüge, Furcht und Gefahr**
- **Entsprechung im Lenormandkartenbild: der Fuchs**

Abwarten, Ihre Zeit ist noch nicht gekommen. Diese Karte sagt auch: Sie können bald befördert werden. Der Drache stellt aber auch eine mögliche Gefahr oder generell Angst dar. Als Person steht der Drache für eine intrigante, falsche Person und für eine/n Betrüger/in - also nicht blind alles glauben, sondern alles genau prüfen. Zusammen mit der Personenkarte deutet diese Karte auf eine direkte Gefahr durch einen Verräter hin.

~~~ 7 ~~~

EIMER

- **Fülle, Ziel, Geist und Gefühle**
- **Entsprechung im Lenormandkartenbild: der Mond**

Diese Karte steht für Gefühle, Spiritualität, die innere Welt des Menschen und seine Ziele. Bei Liebesfragen deutet diese Karte auf eine tiefsinnige oder gar karmische Beziehung hin, die aber auch sehr viele Schwierigkeiten mit sich bringt.

Zusammen mit der Personenkarte zeigt diese Karte karmische Begegnungen an.

~~~ 8 ~~~

EULE

- **Weisheit, Überlegung, geschicktes Handeln und Sorgen**
- **Entsprechung im Lenormandkartenbild: die Eulen**

Durch geschicktes Handeln wird sich Ihr Glück vermehren. Es ist nicht ausgeschlossen, dass glückliche Zufälle passieren, die Sie in Ihrem Vorhaben weiterbringen.
Diese Karte steht aber auch für Sorgen. Da die Eule zusätzlich auch eine ältere, reife Person darstellen kann, müssen die übrigen Karten um die Eule betrachtet werden, um herauszufinden, ob diese Person Freuden oder Leiden ankündigt. Die Eule kann schließlich auch eine Beschützerin oder die Mutter des Fragestellers sein. Zusammen mit der Personenkarte deutet diese Karte auf Sorgen hin, die jedoch unnötig sind.

~~~ 9 ~~~

FLECK

- **Sex, Trieb, Familie**
- **Entsprechung im Lenormandkartenbild: die Lilie**

Ein Fleck symbolisiert Sexualität, Zuneigung und Familienleben. Wenn diese Karte in der Nähe der Personenkarte liegt, befindet sich der Fragesteller/die Fragestellerin in einer Beziehung.

--- 10 ---

FLUGZEUG

- **Reise, Entfernung, Ausland**
- **Entsprechung im Lenormandkartenbild: das Schiff**

Das Flugzeug steht für eine Reise, Entfernungen generell oder auch für das Ausland. Das Flugzeug direkt bei der Personenkarte sagt Ihnen eine Reise voraus. Außerdem besagt diese Karte, dass ein gutes Gelingen bevorsteht.

--- 11 ---

FISCH

- **Geld, Gewinn**
- **Entsprechung im Lenormandkartenbild: die Fische**

Der Fisch ist eine positive Karte und symbolisiert Gewinne; er steht als Themenkarte für Finanzen. Liegt der Fisch mit der Personenkarte zusammen, werden gute Geschäfte abgewickelt oder Gewinne erzielt.

--- 12 ---

FLIEGE

- **Krankheit, Lüge, falsche Person**
- **Entsprechung im Lenormandkartenbild: die Schlange**

Diese Karte steht für Lügen, für eine Krankheit, aber auch für eine falsche (meist weibliche) Person, wobei es sich oft um eine Konkurrentin oder falsche Freundin handelt, die einem das Leben schwer macht. Zusammen mit der Personenkarte deutet diese Karte auf eine Erkrankung der Fragestellerin/des Fragestellers hin.

~~~ 13 ~~~

HASE

- **Freund**
- **Entsprechung im Lenormandkartenbild: der Hund**

Der Hase steht für treue Freunde. Liegt diese Karte nahe der Personenkarte, werden Freunde immer wieder bei Problemen helfen können.

~~~ 14 ~~~

HAUS

- **eigener Bereich, Wohnung, Haus, Heimat**
- **Entsprechung im Lenormandkartenbild: das Haus**

Ihre Pläne werden sich erfüllen! Das Haus steht generell für das Heim, Harmonie, Sicherheit und Stabilität. Sollte diese Karte in der Nähe der Personenkarte liegen, ist das ein Hinweis darauf, dass man ein sehr gemütlicher Mensch ist.

~~~ 15 ~~~

HEU

- **Glück und Freude**
- **Entsprechung im Lenormandkartenbild: der Klee**

Heu ist das Symbol des kleinen Glücks, und diese Karte ist eine der positivsten im ganzen Deck. Heu deutet immer auf eine Glücksphase hin und stellt eine Unterstützung durch das Schicksal dar. Zusammen mit der Personenkarte deutet diese Karte auf einen Glückspilz hin.

--- 16 ---

KÄFER

- **männlicher Elternteil, Beschützer**
- **Entsprechung im Lenormandkartenbild: der Bär**

Ein Käfer symbolisiert eine solide, ältere Person, die gutmütig und väterlich ist. Das kann auch ein Beschützer, der Chef oder der Vater des Fragestellers sein. Zusammen mit der Personenkarte deutet diese Karte auf die Reife des Fragestellers/der Fragestellerin hin.

--- 17 ---

MEER

- **Öffentlichkeit und die Gesellschaft**
- **Entsprechung im Lenormandkartenbild: der Park**

Diese neutrale Karte deutet auf Menschenansammlungen oder auch auf eine Veranstaltung hin. Zusammen mit der Personenkarte deutet diese Karte auf eine prominente Person in Ihrer Nähe hin oder sogar darauf, dass Sie selbst prominent werden.

--- 18 ---

PFOTE

- **Spiritualität und das Unerklärliche**
- **Entsprechung im Lenormandkartenbild: die Sterne**

Eine Pfote ist das Zeichen des Unerklärlichen und der Spiritualität - eine absolute Glückskarte. Wenn die Pfote bei der Personenkarte liegt, ist das ein Hinweis auf versteckte mediale Gaben, die der Fragesteller/die Fragestellerin hat.

--- 19 ---

PISTOLE

- **Verzögerung, Blockade und Gefahr**
- **Entsprechung im Lenormandkartenbild: der Berg**

Die Pistole steht für Hindernisse oder Blockaden. Wenn diese Karte nahe der Personenkarte liegt, sollte man sich vor Gefahren hüten. Die Karte bedeutet auch Probleme und Verzögerung.

--- 20 ---

PUNKTE

- **Nachricht, Überraschung**
- **Entsprechung im Lenormandkartenbild: der Brief**

Punkte stehen für verschiedene Ereignisse. Je nach dem, welche Karten in der Nähe liegen, verrät uns die Punktkarte erfreuliche oder unerfreuliche Nachrichten, die Sie bald erhalten werden. Sie weist auch auf Geschenke und Überraschungen hin.

~~~ 21 ~~~

RAD

- Schicksal, das Verborgene
- Entsprechung im Lenormandkartenbild: das Buch

Ein Rad steht für Geheimnisse des Schicksals, den großen Kreislauf. Die Karte deutet auf etwas Verborgenes, auf das Karma hin. Ansonsten steht sie auch für Dokumente oder Papiere. Zusammen mit der Personenkarte deutet diese Karte auf eine geheime und schicksalsbedingte Veränderung hin.

~~~ 22 ~~~

QUADRAT

- ein böses Omen, das Ende für etwas Altes
- Entsprechung im Lenormandkartenbild: der Sarg

Vierecke sind immer ein böses Omen, deshalb bedeutet diese Karte Ärger und das Ende für etwas Altes. Liegen in der Nähe des Vierecks negative Karten, dann kann es zu Familienproblemen kommen. Im Allgemeinen neigt sich ein Projekt oder Ähnliches dem Ende zu. Zusammen mit der Personenkarte deutet diese Karte auf eine unangenehme Entwicklung für den Fragesteller/die Fragestellerin oder sogar auf eine ernste Erkrankung hin.

--- 23 ---

STUHL

- **Verluste und Vorsicht**
- **Entsprechung im Lenormandkartenbild: die Sense**

Wenn Sie nicht aufmerksamer sind, werden Sie eventuell sehr viel verlieren, denn es drohen Verletzung oder Unfall. Außerdem sagt die Karte aus, dass Sie schlau sein und alles genau überdenken sollten. Zusammen mit der Personenkarte ruft diese Karte zu höchster Vorsicht auf!

--- 24 ---

SCHERE

- **Streit und Veränderungen**
- **Entsprechung im Lenormandkartenbild: die Ruten**

Diese Karte steht für unangenehme Gespräche, Streit und Veränderungen.
Zusammen mit der Personenkarte deutet diese Karte auf Ärger hin. Zwischen zwei Personenkarten kann diese Karte sogar die Trennung eines Paares bedeuten.

--- 25 ---

STIEFEL

- **schnelle Erfolge, Sicherheit, eine gute Position**
- **Entsprechung im Lenormandkartenbild: der Schlüssel**

Alle Pläne werden Ihnen gelingen, und etwas Neues beginnt. Diese Karte bedeutet Reisen, Erfolge und neue Chancen.

Zusammen mit der Personenkarte deutet diese Karte auf eine stabile Beziehung und eine liebevolle Partnerin/einen liebevollen Partner hin.

--- 26 ---

SCHACHTEL

- **eine positive Veränderung**
- **Entsprechung im Lenormandkartenbild: die Störche**

Diese Karte deutet immer auf eine positive Veränderung hin. Zusammen mit der Karte "das Haus" werden Sie umziehen. Zusammen mit der Karte "der Schmetterling" deutet diese Karte auf die Geburt eines Kindes hin. Zusammen mit der Personenkarte deutet diese Karte aber auf wechselhafte Launen des Fragestellers/der Fragestellerin hin.

--- 27 ---

SPINNE

- **Erfüllung, Energie und Gewinne**
- **Entsprechung im Lenormandkartenbild: die Sonne**

Diese Karte ist wohl die stärkste Glückskarte im Kaffeesatzdeck: Sie bringt viel Energie, die Erfüllung der Wünsche und Segen in Ihr Leben. Zusammen mit der Personenkarte steht diese Karte für große Anerkennung.

--- 28 ---

SCHMETTERLING

- **Kind, neue Begegnung, Spontaneität, Naivität, Neuanfang**
- **Entsprechung im Lenormandkartenbild: das Kind**

Der Schmetterling symbolisiert in erster Linie ein Kind, aber auch neue Begegnungen und Wachstum. Zusammen mit der Personenkarte deutet diese Karte auf einen Neuanfang hin.

--- 29 ---

SKELETT

- **Karma, Ende, Anfang, Schicksal**
- **Entsprechung im Lenormandkartenbild: das Kreuz**

Ein Skelett symbolisiert Karma, ein Ende und gleichzeitig den Anfang für etwas Neues. Es steht für Schicksal, Prüfung und Bestimmung, aber auch für eine Lebenskrise. Zusammen mit der Personenkarte deutet diese Karte auf karmisch bedingte Probleme hin.

--- 30 ---

SCHWALBE

- **Bindung, Vorschlag, Heirat oder ein Angebot**
- **Entsprechung im Lenormandkartenbild: der Ring**

Diese Karte symbolisiert Bindung, eine Ehe, einen Vertrag, einen Vorschlag oder ein Angebot. Sie deutet auch auf eine Heirat sowie auf eine feste Beziehung hin. Zusammen mit der Personenkarte verweist diese Karte auf eine gebundene Person.

--- 31 ---

TISCH

- **Probleme, Verluste, Sorgen, Krankheit**
- **Entsprechung im Lenormandkartenbild: die Mäuse**

Ein Tisch deutet immer auf Verlust oder Sorgen hin. Direkt bei der Personenkarte weist diese Karte auf eine seelische Krankheit hin. Sie warnt immer vor Gefahren.

--- 32 ---

TASCHE

- **Entscheidung, Wendepunkt**
- **Entsprechung im Lenormandkartenbild: der Weg**

Die Tasche deutet immer auf das Ende von Belastungen, auf das Abtragen von Problemen und auf verschiedene Entscheidungen hin. Sie ist stets ein Zeichen dafür, dass bald alles besser wird. Zusammen mit der Personenkarte deutet diese Karte auf eine weite Reise hin.

--- 33 ---

WALD

- **Gesundheit und Kraft**
- **Entsprechung im Lenormandkartenbild: der Baum**

Der Wald symbolisiert das Leben, die Kraft und die Gesundheit. Nahe bei der Personenkarte lässt die Karte auf eine sehr gute Gesundheit schließen.

--- 34 ---

WOLKEN

- Unglück und Geheimnis
- Entsprechung im Lenormandkartenbild: die Wolken

Die Zukunft hält sich verborgen. Es können aber Probleme auftauchen, denn jemand versucht, Sie zu täuschen. Es ist noch nicht an der Zeit, Geheimnisse preiszugeben. Zusammen mit der Personenkarte deutet diese Karte auf Unfallgefahr hin.

--- 35 ---

MANN

- Personenkarte
- Entsprechung im Lenormandkartenbild: der Mann

Diese Karte symbolisiert den männlichen Fragesteller, den Herzensmann oder den Ehemann.

--- 36 ---

FRAU

- Personenkarte
- Entsprechung im Lenormandkartenbild: die Frau

Diese Karte symbolisiert die weibliche Fragestellerin, die Herzensdame oder die Ehefrau.

Deutung der übrigen Kaffeesatzbilder von A-Z

Hier finden Sie eine kurze Deutung zu den übrigen Bildern, die sich im Kaffeesatz bilden können. Sollten Sie in dieser Auflistung allerdings das von Ihnen gesuchte Symbol nicht vorfinden, so können Sie auch in einem Traumbuch nachschlagen. Wichtig ist: Erst der Zusammenhang mehrerer Bilder, die Sie in der Tasse finden, ergibt eine sinnvolle Aussage.

--- A ---

- ADLER
  Der Adler ist immer ein Glückssymbol. Sie werden Erfolg haben und gewinnen.

- AFFE
  Der Affe symbolisiert in erster Linie Liebe und Lebendigkeit.

- AMEISE
  Die Ameise ist ein Symbol für Fleiß, Ausdauer und Tüchtigkeit.

- ANKER

Der Anker versinnbildlicht Hoffnungen. Jetzt können Sie die Früchte ernten, auf die Sie so lange gewartet haben. Bleiben Sie generell unbeirrbar.

- APFEL

Der Apfel steht für die Früchte des Erfolgs. In Einzelfällen kann der Apfel auch der "Apfel der Versuchung" sein; hüten Sie sich hier vor falschen Versprechungen oder Intrigen.

- AUGE

Augen sind die Fenster der Seele. Dieses Bild warnt vor falschen Handlungen, es ist Vorsicht geboten.

- AUTO

Leider werden Sie keine großen Geldgewinne machen, aber Sie können eine große Liebe finden.

- AXT

Eine Schicksalswende im Privatleben steht bevor.

~~~ B ~~~

- BABY, Kind

Das Bild könnte eine Verlobung oder eine Geburt bedeuten. Probleme, verursacht durch Neider, sollten Sie eher bestärken als bremsen.

- BÄR

Der Bär steht für Stärke, für Gutmütigkeit sowie für eine Person, die Kraft und Reife zeigt. Achten Sie selbst aber darauf, ob Ihre Gutmütigkeit auch entsprechend gewürdigt wird.

- BALL

Der Ball ist ein Symbol des Erfolges.

- BAUM

Der Baum ist ein gutes Zeichen. Sie können auf die Lösung eines Problems und die Erfüllung Ihrer Wünsche hoffen.

- BERG

Etwas blockiert Sie, aber Sie haben es fast überwunden. Alles Schwere liegt nun fast hinter Ihnen, und Sie haben bald Glück und Erfolg.

- BETT

Das Bett symbolisiert Sexualität und Zuneigung.

- BIENE

Sie müssen etwas Eiliges erledigen und brauchen keine Angst davor zu haben, denn Sie werden es mühelos schaffen. Die Biene symbolisiert den Erfolg durch eigene Mühen.

- BIRNE

Die Birne ist ein Zeichen der Verführung. Im Kaffeesatz symbolisiert sie eine Affäre.

- BLATT

Ein Papierblatt oder auch ein Pflanzenblatt deutet auf eine Nachricht hin. Im finanziellen Bereich sollten Sie darauf achten, dass Ihr Geld nicht wie "Blätter im Wind" davongeweht wird...

- BLUME, BLUMENSTRAUSS

Ein Blumenstrauß symbolisiert Glück und Erfolg sowie Geschenke und Gewinne.

- BOOT

Sie haben sehr gute Freunde. Durch deren Unterstützung wird sich alles gut entwickeln.

- BRIEF

Ein Brief symbolisiert Nachrichten und Geschenke.

- BRILLE

Die Brille warnt vor falschen Vorstellungen. Legen Sie auch Ihre rosarote Brille zur Seite!

- BRÜCKE

Eine Brücke ist das Symbol des Lebensumbruchs und eines Überganges. Es treten neue Menschen in Ihr Leben, und Sie werden neue Aufgaben übertragen bekommen.

- BUCH

Das Buch ist das Symbol der Weisheit und des Wissens und steht für eine gute Nachricht.

- BUCHSTABE

Bei Buchstaben handelt es sich meist um die Anfangsbuchstaben eines Namens.

- BULLE

Ein Bulle steht für Einsamkeit oder Isolation.

- BUSCH

Sie werden bald ein großes Geschäft starten.

C

- CLOWN

  Sie werden von jemandem enttäuscht.

D

- DRACHE

  Der Drache stellt eine mögliche Gefahr oder Angst dar.

- DREIECKE

  Dreiecke bedeuten Segen und Glück. Je mehr davon im Kaffeesatz zu sehen sind, desto mehr Glück hat man im Leben.

E

- EI

  Ein Ei symbolisiert Harmonie und Ausgeglichenheit.

- EICHEL

  Die Eichel versinnbildlicht eine gute Gesundheit und Langlebigkeit.

- ELCH

  Ein Elch steht für Klugheit und Planung. Sie sollten sich Zeit lassen und einiges in Ihrem Leben bereits im Voraus planen.

- EIMER

  Ein Eimer symbolisiert Fülle, aber auch Gefühle sowie die Spiritualität, die innere Welt des Menschen und karmische Beziehungen.

- ELEFANT

  Ein Elefant versinnbildlicht Talente und Durchsetzungskraft.

- ENGEL

  Ein Engel symbolisiert Schutz und Segen.

- ESEL

  Der Esel steht für Dummheit und Sturheit. Versuchen Sie Ihre Situation unvoreingenommen zu überdenken, und geben Sie auch mal nach.

- EULE

  Die Eule symbolisiert Weisheit, Überlegung, geschicktes Handeln - und Sorgen.

~~~ F ~~~

- FAHNE/ Flagge

  Die Fahne bedeutet ein freudiges Ereignis und lustige Gesellschaft.

- FEDER

  Die Feder steht für Leichtigkeit, aber auch für Leichtsinnigkeit.

- FEUER

  Das Feuer symbolisiert immer ein großes Gefühl. Es kann dabei Hass, aber auch Liebe darstellen. Achten Sie deshalb auf andere Zeichen, die in der Nähe des Feuers im Kaffeesatz sichtbar sind.

- FISCH

Der Fisch bedeutet Geldgewinne und auch Glück in der Liebe.

- FLASCHE

Die Flasche ist ein Symbol schwacher Gesundheit. Falls Sie also beim Kaffeesatzlesen eine Flasche erkennen, sollten Sie unbedingt einen Gesundheitscheck machen lassen!

- FLECK

Ein Fleck versinnbildlicht Sexualität, Zuneigung und Familienleben.

- FLEDERMAUS

Die Fledermaus symbolisiert eine feindliche Person.

- FLIEGE

Die Fliege steht für Lüge, für eine Krankheit, aber auch für eine falsche (meist weibliche) Person. Bei der Fliege handelt es sich oft um eine Konkurrentin oder eine falsche Freundin, die einem das Leben schwer macht.

- FLÜGEL

Ein oder mehrere Flügel verraten uns, dass sehr bald gute Neuigkeiten eintreffen werden.

- FLUGZEUG

Das Flugzeug steht für eine Reise oder Entfernung generell.

- FRAGEZEICHEN

Es liegt eine karmische Begegnung vor. Sie werden jemandem begegnen, den Sie aus einem Ihrer Vorleben kennen.

- FRAU

Eine Frau im Kaffeesatz symbolisiert immer eine bestimmte weibliche Person, die Sie kennen. Die übrigen Bilder geben Aufschluss darüber, um wen es sich genau handelt.

- FROSCH

Ein Frosch versinnbildlicht kleine Schwierigkeiten und Streit.

- FUCHS

Der Fuchs ist ein Zeichen der Schlauheit oder gar des Betruges.

- FÜNFECK

Das Fünfeck symbolisiert die spirituelle Entwicklung des Menschen.

~~~ G ~~~

- GANS

Sie werden eine neue Liebe finden.

- GARTEN

Ein schönes Leben und ein hohes Alter erwarten Sie.

- GELD, GELDBEUTEL

Wenn Sie einen geschlossenen Geldbeutel sehen, werden Sie Gewinne haben. Wenn der Beutel offen ist, erwarten Sie dagegen Verluste.

- GESICHT

Man sollte immer versuchen, im Kaffeesatz den Gesichtsausdruck zu erkennen. Sollte es ein freundliches Gesicht sein, bedeutet das Freude. Sollten Sie allerdings ein böses, unsympathisches Gesicht erkennen, bedeutet das Ärger und Unzufriedenheit.

- GEIGE

Die Geige symbolisiert seelische Energie und seelische Ruhe.

- GLAS, Schüssel

Eine sehr gute Wendung. Ein Glas oder auch eine Schüssel symbolisieren Begegnungen mit verschiedenen Menschen; es kann auch für den Freundeskreis stehen.

- GLOCKE

Sie werden eine bewegende Nachricht erhalten.

~~~ H ~~~

- HAMMER

Jemand will Ihnen schaden. Versuchen Sie, die Situation vorab zu entschärfen und zu klären.

- HARFE

Die Harfe ist das Symbol der Harmonie. Wenn Sie eine in Ihrer Kaffeetasse erkennen, werden Sie eine sehr harmonische Beziehung mit viel Liebe erleben.

- HASE

Ein Hase steht für treue, gute Freunde.

- HAUS

Ein Haus symbolisiert das Heim, Sicherheit und Stabilität.

- HERZ

Sie werden Hilfe erhalten.

- HEU

Heu ist das Symbol des Glücks und deutet immer auf eine Glücksphase hin.

- HUND

Ein unerwarteter Besuch von einem treuen Freund wird Ihnen Freude bereiten.

- HUT

Ein Hut symbolisiert Probleme und deutet auf Neider hin.

~~~ I ~~~

- IGEL

Sie ziehen sich zu stark zurück und kapseln sich viel zu sehr ab. Öffnen Sie sich lieber mehr.

~~~ K ~~~

- KÄFER

Der Käfer symbolisiert eine solide ältere Person, die gutmütig und väterlich ist. Das kann auch ein Beschützer, der Chef oder der Vater des Fragestellers sein.

- KANNE

Eine Kanne versinnbildlicht eine Familienfeier.

- KATZE

  Die Katze steht für Schwierigkeiten und Enttäuschungen. Je größer die Katze ist, desto größer sind die Probleme.

- KEHRBESEN

  Sie werden Ordnung in Ihr Leben bringen müssen.

- KERZE

  Die Kerze symbolisiert das Leben und Licht.

- KIND, Baby

  Ein Kind könnte eine Verlobung oder eine Geburt bedeuten; im Allgemeinen kann das Symbol auch als Neubeginn eines Projektes oder etwas Ähnlichem gedeutet werden. Probleme durch Neider sollten Sie eher bestärken als bremsen.

- KIRCHE

  Sie werden neue Hoffnung durch Ihre Familie erhalten.

- KLEEBLATT

  Ein Kleeblatt deutet immer auf viel Glück im Leben hin.

- KOFFER/KORB

  Der Koffer steht für eine Reise.

- KOMET

  Ein Komet symbolisiert immer unangenehme Gespräche und Diskussionen. Passen Sie auf, was Sie sagen und wo Sie es sagen.

- KRANZ

  Die großen Anstrengungen der letzten Monate werden nun endlich belohnt.

- KREIS

  Sie werden in allen Angelegenheiten Erfolg haben.

- KREUZ

  Ein Kreuz bedeutet ein sehr langes Leben, mehrere Kreuze stehen für Anerkennung.

- KROKODIL

  Ein Krokodil symbolisiert Feinde. Passen Sie auf!

- KRONE

  Eine Krone bedeutet sehr große Erfolge und Erfüllung sowie Wohlstand und Glück.

~~~ L ~~~

- LAMPE

  Ihre Wege bringen Sie zum Licht und zu Erfolg.

- LEITER

  Die Leiter steht für Erfolgsaussichten und eine Steigerung im Berufsleben.

- LEUCHTTURM

  Der Leuchtturm steht für neue Ideen und Auswege aus problematischen Situationen.

- LILIE

Die Lilie steht für ein glückliches und erfülltes Familienleben.

- LINIEN

Eine durchgezogene Linie bedeutet immer eine wichtige Reise. Beginnt sie bereits am Boden der Tasse und steigt sie bis zum Rand, dann handelt es sich dabei um eine Geschäftsreise.

- LÖWE

Der Löwe symbolisiert einen starken sowie treuen Freund und Beschützer.

~~~ M ~~~

- MANN

Ein Mann im Kaffeesatz symbolisiert immer eine bestimmte männliche Person, die Sie kennen. Die übrigen Bilder geben Aufschluss darüber, um wen es sich genau handelt.

- MASKE

Eine Maske symbolisiert Täuschung und Betrug.

- MAUS, Ratte

Leider werden Sie von verschiedenen Problemen geplagt.

- MEER

Wasser steht für Öffentlichkeit und Gesellschaft und deutet auf Menschenansammlungen oder auf eine Veranstaltung hin.

- MESSER

Jemand will Ihnen schaden und intrigiert gegen Sie.

- MOND

  Ihr Schicksal wird sich zum Guten wenden, und Sie werden endlich Entspannung finden.

- MÜHLE

  Die Mühle symbolisiert das Verarbeiten von Problemen.

- MÜNZE

  Münzen versinnbildlichen unerwartete Gewinne.

~~~ N ~~~

- NAGEL

  Jemand will Sie provozieren.

- NETZ

  Netze symbolisieren Intrigen.

- NUSS

  Eine schwere Aufgabe liegt vor Ihnen. Versuchen Sie, die Nuss zu knacken...

~~~ O ~~~

- OHR

  Das Ohr symbolisiert das Zuhören. Sollte Ihnen Hilfe angeboten werden oder ein guter Rat gegeben werden, nehmen Sie diesen auf jeden Fall an.

--- P ---

- PALME

Die Palme ist das Symbol der Anerkennung und des Vertrauens.

- PAPAGEI

Der Papagei deutet auf die Wiederholung einer Situation hin.

- PFAU

Der Pfau symbolisiert Reichtum und Macht.

- PFEIL

Ein Pfeil deutet auf Karma und alte Lasten hin. Aber mit Ausdauer und Elan können Sie Ihr Ziel erreichen!

- PFOTE

Eine Pfote ist das Zeichen des Unerklärlichen und der Spiritualität.

- PILZ

Der Pilz symbolisiert einen Umzug.

- PISTOLE

Eine Pistole steht für Hindernisse oder Blockaden.

- PONY, PFERD

Das Pony oder auch das Pferd symbolisieren eine sehr schnelle Entwicklung, besonders wenn Sie sich die letzte Zeit eher ausgebremst fühlten.

- PUNKTE

Punkte und Querlinien bedeuten Nachrichten.

- PYRAMIDE

Die Pyramide bedeutet Glück auf Ewigkeit; besonders auch in finanziellen Angelegenheiten.

--- Q ---

- QUADRATE

Vierecke sind immer ein böses Omen. Sie bedeuten stets Ärger.

--- R ---

- RAD

Karmische Schwierigkeiten werden überwunden. Ein Rad steht für ein Geheimnis des Schicksals, den großen Kreislauf.

- REGENSCHIRM

Ein Regenschirm symbolisiert Schutz und Hilfe von außen.

- REH (siehe auch Elch)

Das Reh bedeutet immer Glück im Privaten.

- RING

Ein Ring symbolisiert Frieden oder eine Ehe.

- ROSE

Die Rose ist das Zeichen einer stabilen Gesundheit.

S

- SÄBEL

  Säbel bedeuten immer Streit und Auseinandersetzung.

- SARG

  Ein Sarg symbolisiert eine schwere Krankheit oder einen Neuanfang.

- SCHACHTEL

  Eine Schachtel deutet immer auf eine positive Veränderung hin.

- SCHAUFEL

  Eine Schaufel versinnbildlicht Gefahr.

- SCHERE

  Die Schere steht für unangenehme Gespräche, Streit und Veränderungen.

- SCHIFF

  Erwarten Sie eine frohe Botschaft aus dem Ausland.

- SCHILDKRÖTE

  Die Schildkröte symbolisiert Langsamkeit - doch langsamer kommt man oft weiter.

- SCHLANGE / EIDECHSE

  Vorsicht vor falschen Freunden. Irgendjemand versucht, Sie zu täuschen. In Einzelfällen kann die Schlange auch als sexuelles Symbol gedeutet werden.

- SCHLOSS

  Ein Schloss symbolisiert Stärke und Standhaftigkeit.

- SCHLÜSSEL

  Eine sehr gute Wendung. Ein Schlüssel steht für die Fülle des Lebens, die sich uns erschließt...

- SCHMETTERLING

  Der Schmetterling symbolisiert in erster Linie ein Kind, aber auch neue Begegnungen und Wachstum.

- SCHMUCK

  Schmuck steht für Reichtum und Gewinne.

- SCHÜSSEL

  Begegnungen mit verschiedenen Menschen.

- SCHWALBE

  Eine Schwalbe symbolisiert eine Bindung, eine Ehe, einen Vertrag, einen Vorschlag oder ein Angebot. Sie deutet auch auf eine Heirat hin sowie auf eine feste Beziehung.

- SCHWAN

  Ein Schwan symbolisiert eine neue Liebe.

- SCHWEIN

  Ein Schwein versinnbildlicht "Schweinereien" und Undankbarkeit.

- SKELETT

  Das Skelett symbolisiert Karma, ein Ende und gleichzeitig den Anfang für etwas Neues. Es steht für Schicksal, Prüfung und Bestimmung, aber auch für eine Lebenskrise.

- SONNE
  Eine freudige Überraschung wartet auf Sie. Die Sonne steht auch für Spiritualität.

- SPINNE
  Das ist wohl das stärkste Glückszeichen im Kaffeesatz. Eine Spinne bringt viel Energie, die Erfüllung Ihrer Wünsche und Segen.

- SPINNENNETZ
  Dieses Zeichen deutet auf Verwirrungen hin.

- STERN
  Der Stern symbolisiert die spirituelle Entwicklung und verrät uns, dass ein Wunsch in Erfüllung geht.

- STIEFEL
  Es wird etwas Neues begonnen. Ein Stiefel deutet Reisen, Erfolge und neue Chancen an.

- STRASSE
  Eine Straße deutet auf eine glückliche Zukunft hin.

- STRAUCH
  Ein Strauch warnt vor Hindernissen aller Art.

- STUHL
  Wenn Sie nicht aufmerksamer sind, werden Sie eventuell sehr viel verlieren.

--- T ---

- TANNE

Die Tanne symbolisiert verschiedene Emotionen, man sollte sich zurückhalten. Entrümpeln Sie auch mal wieder - das befreit!

- TASCHE

Die Tasche deutet immer auf das Ende von Belastungen, auf das Abtragen von Problemen und auf verschiedene Entscheidungen hin. Sie ist stets ein Zeichen dafür, dass bald alles besser wird.

- TISCH

Ein Tisch weist auf Verluste oder Sorgen hin.

- TREPPE

Die Treppe symbolisiert eine berufliche Steigerung.

- TROMMEL

Eine Trommel sagt uns einen Streit voraus.

- TÜR, TÜRSCHLOSS

Eine Tür oder auch ein Türschloss symbolisieren eine Blockade.

--- U ---

- UHR

Eine Uhr versinnbildlicht generell die Zeit und sagt uns entweder, dass wir warten müssen oder dass wir uns im Gegenteil beeilen sollten. Die genaue Deutung hängt von den umliegenden Karten ab.

~~~ V ~~~

- VIERECKE

  Vierecke bedeuten immer Ärger.

- VOGEL

  Unerwartet kommt viel Glück auf Sie zu. Ein Außenstehender kann Ihnen helfen.

- VULKAN

  Ein Vulkan steht für Emotionen und Auseinandersetzungen.

~~~ W ~~~

- WAAGE

  Die Waage symbolisiert den Ausgleich und die Gerechtigkeit. Versuchen Sie alles abzuwägen, bevor Sie handeln.

- WAL

  Ein Wal symbolisiert etwas Neues und Unerwartetes.

- WALD

  Der Wald steht für die Öffentlichkeit und die Gesellschaft.

- WOLKEN

  Die Zukunft hält sich verborgen. Es können aber Probleme auftauchen, denn jemand versucht, Sie zu täuschen.

--- Z ---

- ZAHLEN

  Gut erkennbare Zahlen nennen uns einen Zeitraum.

- ZAHN

  Jemand beneidet Sie.

- ZAUN

  Ein Zaun symbolisiert allgemein eine Störung - sei diese gesundheitlicher, seelischer oder zwischenmenschlicher Art.

- ZIEGENBOCK

  Ein Ziegenbock weist Sie auf ein "Meckern" hin... Jemand ist unzufrieden mit Ihnen.

- ZWEIG

  Ein Zweig deutet auf Entscheidungen hin.

“Die Antworten
liegen immer in uns selbst,
wir brauchen aber meist
eine bestimmte Zeit, um die
passenden Fragen zu finden.”

Über den Autor

Vadim Tschenze, geboren 1973 in Usbekistan, ist ein durch die Medien bekannt gewordener Parapsychologe und Autor mehrerer Bücher sowie verschiedener Kartendecks.

Vadim Tschenze lebt und arbeitet als spiritueller Berater und Schamane und moderiert zahlreiche TV-Sendungen zum Thema Kartenlegen, Astrologie und Grenzwissenschaften. Seit Jahren steht er Menschen zur Seite und berät seine Kunden persönlich und am Telefon, zusätzlich bietet er auch Seminare an.

Falls Sie noch mehr wissen und lernen möchten, dann schreiben Sie eine E-Mail an vadim@vadimtschenze.de oder besuchen Sie seine Homepage www.VadimTschenze.de

Weitere Bücher des Autors:

- "Das geheime Wissen", Verlag: Silberschnur (ISBN 978-3-89845-151-2)
- "Kartenlegen nach russischer Tradition", Verlag: Corona (ISBN 3-934438-24-5)
- "Nützliche Tipps - Das kostbare Wissen unserer Urahnen", Verlag: Corona (ISBN 3-934438-29-6)
- "Universelles Ahnenorakel", Verlag: Corona (ISBN 3-934438-32-6)
- "Alte russische Karma- und Reinkarnationslehre", Verlag: Corona (ISBN 3-934438-18-0)
- "Russisch- tibetische Honigmassage", Verlag: Videel (ISBN 3-935111-50-9)
- "Vadims Lenormand-Karten", Verlag: Corona (ISBN 3-934438-26-1)
- "Karten nach russischer Tradition", Verlag: Corona (ISBN 3-934438-25-3) (als Set: Kartenbuch und Karten ISBN 3-934438-27-X)

208 Seiten, broschiert
€ [D] 14,90 / sFr 27,30
ISBN 978-3-89845-151-2

Vadim Tschenze

Das geheime Wissen

Einführung in die Welt der Esoterik

Das Buch der Antworten ... Der bekannte TV-Wahrsager Vadim Tschenze offenbart Ihnen in diesem Buch die Geheimnisse der Hellseher der ganzen Welt auf anschauliche und einfache Art und Weise.
Erlernen Sie Besprechen, Geistheilung, Handauflegen, Kerzenschattenlesen, Rauchdeuten, Wasserlesen, Pendeln, Handlesen, Gesichtslesen u.v.m.
Denn wer weiß, was morgen passiert, lebt leichter ...

288 Seiten, broschiert
€ [D] 17,90 / sFr 32,20
ISBN 978-3-89845-130-7

Andrea Buchholz

Astrologische Geheimnisse entschlüsselt

Juwelen aus der Astro-Schatztruhe

Die aus dem TV bekannte Astrologin Andrea Buchholz offenbart Ihnen in ihrem neuen Buch all ihre kleinen und großen astrologischen Tricks und Geheimnisse. So werden Ihnen die wichtigsten Fragen zu Partnerschaft, Liebe und Sex, Gesundheit, Beruf, Karmaastrologie, sensitiven Punkten, Lotto und Astrologie sowie vieles Interessante mehr in witziger und verständlicher Art und Weise erklärt.

216 Seiten, broschiert
mit vielen Grafiken
€ [D] 14,90 / sFr 27,30
ISBN 978-3-89845-153-6

Andrea Buchholz

Der geheime Code

Die sensitiven Punkte in Ihrem Horoskop

Bei der Deutung der „sensitiven Punkte“ handelt es sich um eine alte astrologische Methode. Bereits im Altertum kannte man hunderte solcher errechneter Punkte, die als Ergänzung zur komplexen Deutung herangezogen wurden – und oftmals erstaunliche Erkenntnisse bereit halten.
Neben der Berechnung der sensitiven Punkte erläutert die Autorin ausführlich deren Deutung an zahlreichen (Promi-) Beispielen.

47 Karten, Begleitbuch
€ [D] 19,90 / sFr 35,40
ISBN 978-3-89845-150-5

Christian Materne

Christian Maternes Nostigal-Tarot

Modern und unkompliziert! Der aus zahlreichen TV-Sendungen bekannte Moderator Christian Materne bietet Ihnen durch dieses neuartige, von ihm entwickelte Karten-Set die Möglichkeit, schnell und unkompliziert mit nur einer Karte Ihre Fragen genau und präzise zu beantworten. Jeder Karte des Nostigal-Tarots ist ein Glücksedelstein sowie eine numerologische Zahl zugeordnet, deren Bedeutungen ausführlich erläutert werden. Dadurch können Sie zusätzlich gezielt Ihre Charakterzüge und Lebensaufgaben ermitteln.

144 Seiten broschiert,
24 vierfarbige Karten
€ [D] 18,90 / sFr 33,80
ISBN 978-3-89845-177-2

Nadja Berger

Runenkräfte

Das Praxis-Set der Runenmagie

Praktische Runenbücher sind fast eine Seltenheit geworden, umso erfreulicher ist dieses neue Runenhandbuch mit schönen Karten einer medial begabten Autorin und Künstlerin. Runen sind ein wunderbarer Weg hin zu einer Verbindung zwischen dem Geistigen und dem Irdischen, um so diese feinen Energien fühlbarer zu machen - dieses Runenset öffnet auf leichte, spielerische Weise den Zugang zu dieser Erfahrung.

208 Seiten, broschiert
€ [D] 14,90 / sFr 27,30
ISBN 978-3-89845-173-4

Dietlind Herlert-Schaaf

Mediales Lenormand

Sofortige Entscheidungshilfe mit nur einer Karte

Bislang haftete gerade dem Kartenlegen immer noch der Ruf an, ohne mediale Begabung nur unzulänglich zu erlernen zu sein. Doch dies widerlegt die Autorin, eine bekannte und erfahrene Kartenlegerin, nun erfolgreich! Das Buch bietet Ihnen einen Soforteinstieg in die Kartendeutung ohne kompliziertes Auslagesystem sowie umfangreiche Deutungsbeispiele für jede Karte. - Lernen Sie, für sich und andere die Karten zu legen, und werfen Sie heute schon einen Blick in die Zukunft ...

in Box, 112 Seiten
Handbuch, 80 Farbkarten
€ [D] 17,90 / sFr 33,80
ISBN 978-3-89845-185-7

William Berton

Farbe bekennen ...

Ein psychologisches Entdeckungsspiel mit 80 Farbkarten

Jede Farbe ist die Offenbarung einer Schwingungsebene und damit die konkrete Widerspiegelung eines inneren Zustands, den wir »Bewusstseinsebene« nennen. Dieses revolutionäre Farbenspiel mit seinem »doppelten« Kartenset - ROT für exoterische Antworten und GOLD für esoterische Erkenntnisse - öffnet weit die Tore zu einer subtilen, intuitiven Selbsterkenntnis ... aber noch vieles mehr!

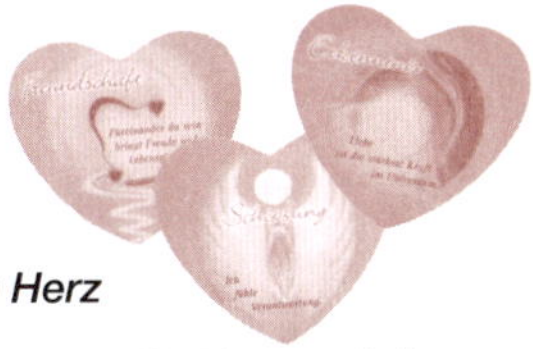

49 vierfarbige Herzkarten
€ [D] 13,20 / sFr 25,60
ISBN 978-3-89845-184-0

AEONA®

Herzensliebe

45 Botschaften von Herz zu Herz

Die stärkste Kraft im Universum ist die Herzensliebe - und AEONAS® Herzkarten möchten an diese ursprüngliche Schöpfungsenergie erinnern. Die lichtvollen Bilder mit den liebevollen Texten öffnen und berühren die Herzen und erwecken den Wunsch, die Herzensliebe zu leben, um den Sinn und das Ziel der Menschheit zu erfüllen.

44 Karten,
Format 10 x 8,5 cm
€ [D] 14,90 / sFr 28,70
ISBN 978-3-89845-120-8

Toni Carmine Salerno

Liebesorakel – Amors Botschaften

Ein Bild sagt mehr als tausend Worte – nach diesem Motto wurde auch das Kartendeck aus Reproduktionen der visionären Bilder des Künstlers Toni Carmine Salerno gestaltet. Mit 44 bewegenden Karten, die inspirieren und Führung in Herzensangelegenheiten anbieten, umfasst es all die vielen verschiedenen Aspekte von Liebesverbindungen und bietet überdies einen intuitiven Zugang zur Arbeit mit Beziehungen.

Das Kartendeck kann allein oder zu zweit gespielt werden.

136 Seiten, broschiert
€ [D] 6,95 / sFr 13,00
ISBN 978-3-89845-175-8

Jörg A. Zimmermann

So treffen Sie Ihren Schutzengel

Begegnung mit dem inneren Lehrer

Dieses Buch zeigt Ihnen konkret drei Wege auf, auf denen Sie Ihren Schutzengel treffen können und erläutert in anschaulicher sowie humorvoller Schreibweise genau, wie diese Wege beschritten werden können. - Möge dieses Buch Sie näher zu Ihrem Schutzengel bringen, denn die Freundschaft mit ihm ist so kostbar wie das Leben selbst ...

128 Seiten, broschiert
€ [D] 5,95 / sFr 11,30
ISBN 978-3-89845-049-2

Elizabeth Clare Prophet

Mit Engeln arbeiten

In diesem Buch werden die praktischen Schritte in einem Zehn-Punkte-Programm aufgezeigt, wie man sich mit Engeln in Verbindung setzt, sich weiterhin ihrer Hilfe vergewissert und in Zusammenarbeit mit ihnen viel Gutes für sich und andere bewirkt.
Dieses Büchlein ist nicht nur ein Ratgeber, sondern vor allem eine praktische Anleitung, seinem Leben mit Hilfe der Engel eine höhere Qualität zu geben.

128 Seiten, broschiert
€ [D] 5,95 / sFr 11,30
ISBN 978-3-89845-171-0

Elizabeth Clare Prophet

Mantras des Westens

Auf ihre einfache und eindrucksvolle Art führt die amerikanische Bestseller-Autorin die Macht des Wortes in all seinen Nuancen vor, wobei ihre Fallbeispiele jeden noch so skeptischen Leser von der Wirksamkeit des gesprochenen Wortes überzeugen müssen ...